DESSIN LINÉAIRE

A L'USAGE

DES ENFANTS DES ECOLES.

DESSIN LINÉAIRE

A L'USAGE DES ENFANTS DES ÉCOLES,

ET SYSTÈME MÉTRIQUE

SUIVI

D'UN ATLAS DES POIDS ET DES MESURES,

Conformément à l'ordonnance royale du 16 juin 1839,

PAR

Un Membre de l'Université.

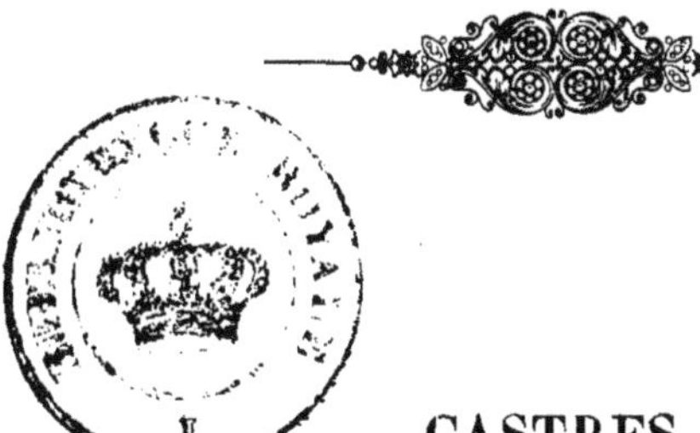

CASTRES,

Vᵉ CHALLIOL, LIBRAIRE-ÉDITEUR.

—

1841.

Les ouvrages non revêtus de ma signature seront réputés contrefaits, et poursuivis devant les tribunaux.

L'Éditeur,

Toulouse, Imprimerie de BENICHET et PINEL,
Rue de la Pomme, 22.

AVERTISSEMENT AUX ENFANTS DES CAMPAGNES.

Mes Amis,

Vous devez vous réjouir d'avoir à suivre dans le village les leçons de maîtres sages et éclairés. Vous serez, selon le précepte de saint Paul, *enfants à l'égard du cœur, mais hommes faits quant à l'intelligence.*

L'instruction primaire doit être générale; elle doit former pour toutes les carrières, sans former pour des spécialités. Elle n'a pas à former des artisans, mais des hommes. Quand vous êtes si jeunes à l'école, comment pourriez-vous savoir, et comment vos parents pourraient-ils savoir pour vous, quel est le rôle que vous êtes destinés à jouer dans ce monde !

Il faut donc à l'instruction primaire des livres élémentaires qui renferment des principes généraux, les connaissances indispensables à tout homme, capables d'être développées selon la carrière qu'il entreprend.

C'est pour vous aider, mes jeunes amis, que je vous offre ce petit ouvrage, presque tout d'application, pour lequel j'ai consulté des auteurs d'un mérite reconnu, qui ont travaillé avec fruit pour les enfants.

Je ne devais pas perdre de vue que vous êtes en général très-jeunes à l'école, et que vous vous devez en grande partie aux travaux de l'agriculture. Vous ne trouverez rien de difficile ni de compliqué dans nos entretiens, et vous pourrez apprendre sans peine et sans instruments coûteux, les tracés géométriques les plus usuels, sur le terrain, sur le tableau noir, ou sur le papier.

Courage donc, mes amis, étudiez bien ce livre; soyez attentifs aux leçons de vos maîtres et je vous prédis le succès.

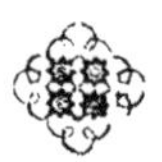

DESSIN LINÉAIRE

DES ENFANTS DES ÉCOLES.

PREMIER ENTRETIEN.

L'Élève. Qu'est-ce que le dessin linéaire ?

Le Maitre. Le dessin linéaire est un art qui apprend à représenter, par de simples traits, un objet qui est plus fidèlement représenté, si on se sert de la règle, du compas, de l'équerre, etc.

On se sert, pour représenter un objet, de la ligne droite ou de la ligne courbe. La ligne droite est le plus court chemin pour aller d'un point à un autre. On ne trace pas toujours les lignes droites de la même manière ; on peut avoir à les tracer sur le papier, sur le terrain ou ailleurs.

Le jardinier trace sur le terrain une ligne droite au moyen d'un cordeau attaché par les extrémités à deux piquets. Plus la ligne a d'étendue, moins elle a d'exactitude.

Le charpentier se sert d'un cordeau frotté avec du blanc d'Espagne, etc. Il a soin d'élever perpendiculairement le cordeau pour le laisser retomber.

L'arpenteur se sert de jalons et ne marque que l'extrémité des distances.

DEUXIEME ENTRETIEN.

Le Maitre. Il y a différentes espèces de lignes droites. Celle que l'on appelle *perpendiculaire* ou d'*équerre*, tombe sur une autre, ne penchant ni d'un côté, ni d'un autre.

La *verticale* suit la direction d'un fil à plomb.

L'*horizontale* suit le niveau de l'eau. Souvenez-vous qu'il y a quatre cas pour mener une perpendiculaire à une autre. On peut avoir à mener une perpendiculaire sur le milieu d'une ligne ; aux extrémités d'une ligne ; sur un point quelconque de la ligne ; ou enfin hors de la ligne.

Mon ami, ces quatre cas se ressemblent. Je vais vous enseigner à élever une perpendiculaire sur le milieu d'une autre ligne, et vous-même, immédiatement, vous démontrerez les trois autres cas.

Je suppose que j'aie à tracer la direction d'un mur qui doive être d'équerre sur un autre A B., et le rencontrer en C milieu de la ligne.

Soit le mur A B ; des deux extrémités, et d'une ouverture de compas plus grande que la moitié de A B, il faut décrire deux arcs de cercle qui se coupent au-dessus et au-dessous de la ligne. La perpendiculaire doit joindre les deux points d'intersection.

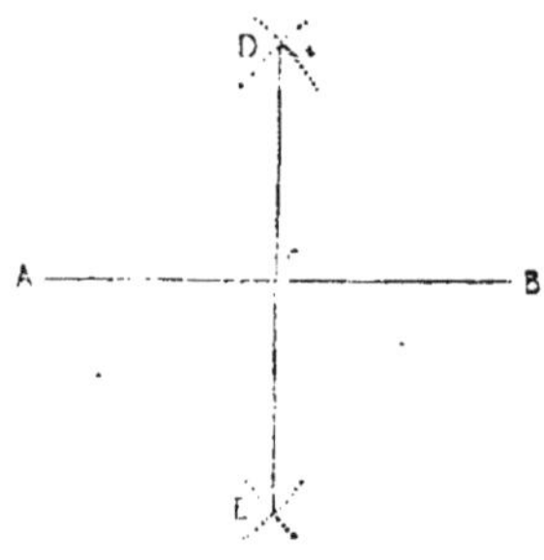

Maintenant je vous donne ce problème : tracer la direction d'un fossé qui doit aboutir à l'extrémité A d'un autre fossé dont A B est une arête et le rencontrer d'équerre.

L'Elève. J'ai très-bien compris ce que vous avez démontré relativement aux deux murs, et je saurais résoudre le problême que vous me proposez, si vous me permetticz de prolonger l'horizontale de manière que A devînt le centre, comme C l'était dans votre exemple premier.

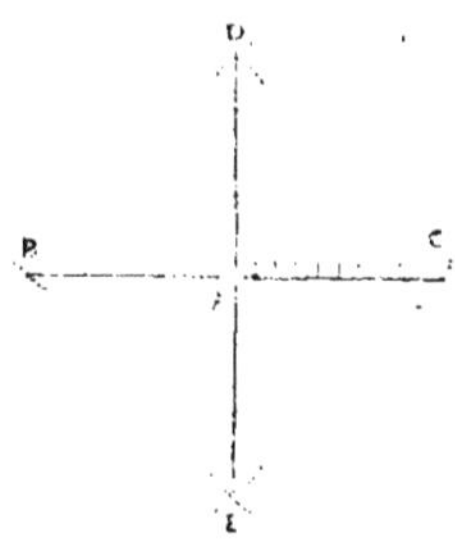

Le Maitre. C'est bien ! mais je suppose que vous ne puissiez prolonger l'horizontale. Par exemple, je veux tailler carrément le bout B d'une pierre.

Il faut prendre le point O qui avoisine le bout B et le placer à peu près au milieu de la pierre. De ce point O et d'un rayon égal à O B je trace une circonférence ; je joints O au point D, où le cercle coupe l'arête A B de la pierre, et je prolonge la droite D O jusqu'à ce qu'elle rencontre encore la circonférence en E. Il ne me reste plus qu'à joindre les deux points d'intersection E B.

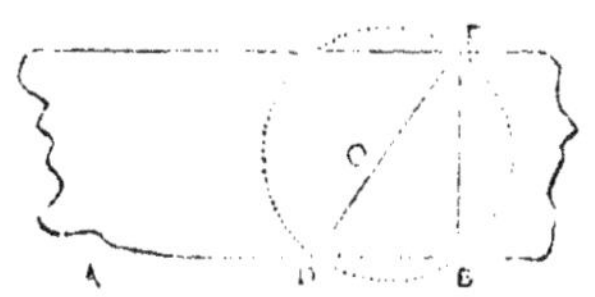

Vous, mon ami, qui habitez la campagne, ne seriez-vous pas embarrassé, si vous aviez à tracer la direction d'une allée de buissons qui, partant d'un point donné A, allât couper d'équerre une autre allée de buissons dont B C serait un des côtés?

Il me semble que, si, à partir du point donné A, je pouvais tracer sur B C deux arcs de cercle qui compassent la droite à une égale distance, de ces points d'intersection, je mènerais au-dessus et au-dessous deux arcs de cercle qui se croiseraient, et c'est par les deux croisements que je ferais passer la perpendiculaire, ou bien la seconde allée de buissons.

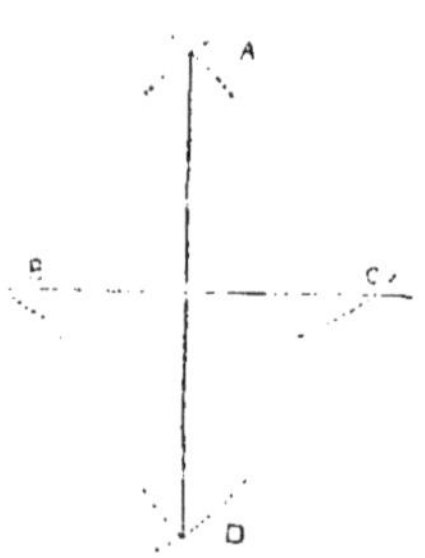

Je suis heureux de saisir facilement la manière d'effectuer tous ces tracés sur le papier ou sur le tableau noir; mais demain, quand je serai revenu à la campagne, il me sera bien difficile de les faire exécuter sur le terrain par les paysans?

Le Maitre. Vos observations justes témoignent de l'aptitude que vous avez à vous instruire. Il vous faudra, pour faire sur le terrain l'application des tracés que vous faites sur le tableau noir, une équerre d'arpenteur ou une fausse équerre portée sur un pied. Ce dernier instrument est facile à construire : vous ferez, sur la tête d'un gros piquet, deux entailles droites qui se couperont sous un angle quelconque, ou, mieux encore, vous fixerez sur le bout d'un bâton deux petites planchettes qui se croiseront, et porteront trois épingles : une au croisement et les autres aux extrémités.

Ces épingles seront plantées de manière à ce qu'elles se trouveront verticales quand les planchettes seront de niveau.

TROISIEME ENTRETIEN.

LE MAITRE. Il y a une troisième espèce de lignes droites appelées *parallèles*, qui sont partout également éloignées l'une de l'autre. Ainsi, quand deux droites sont parallèles et écartées de 4 mètres, chacune d'elles est le lieu où se trouvent tous les points situés à 4 mètres de l'autre.

Pour trouver plusieurs points à un mètre d'une droite, il faudrait élever une perpendiculaire à un mètre d'une autre.

L'ELÈVE. Voudriez-vous mener une parallèle à une ligne droite ?

LE MAITRE. Soit la ligne A B à laquelle je veux mener une parallèle. Du point C, milieu de la ligne, je décris une demi-circonférence ; sur cette circonférence je prends la distance A D que je porte de B en E ; je joints ces deux points par une droite qui est la parallèle.

Si l'un des points par où la parallèle doit passer est

donné, il s'agit de faire passer la circonférence par ce point donné.

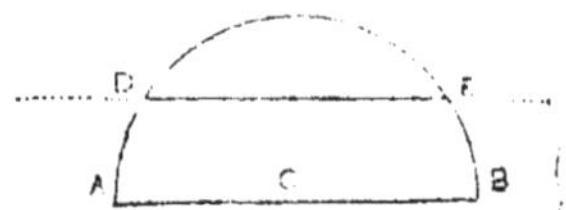

L'Élève. Il me semble qu'il serait facile de tracer des parallèles sur le papier par le moyen de l'équerre, en la faisant glisser le long d'une règle.

Le Maitre. Vous avez raison. Je vais vous proposer un seul problême; si vous le résolvez, comme je n'en doute pas, nous ne dirons pas autre chose des parallèles.

Je suppose que je veuille planter une rangée de platanes alignés des deux côtés d'une maison et, en face de la maison, une seconde allée parallèle.

Vous planterez d'abord tous ceux d'un côté de l'habitation; vous mènerez par le point A une ligne A C perpendiculaire à la direction A B. Du point C, on mènera la ligne C D perpendiculaire à A C; au point D, on mènera D E perpendiculaire à C D, et on prendra D E = à A C. Du point E, on mènera E F perpendiculaire à D E, et la ligne E F sera le prolongement de la ligne A B. L'équerre d'arpenteur sert très-bien pour les alignements.

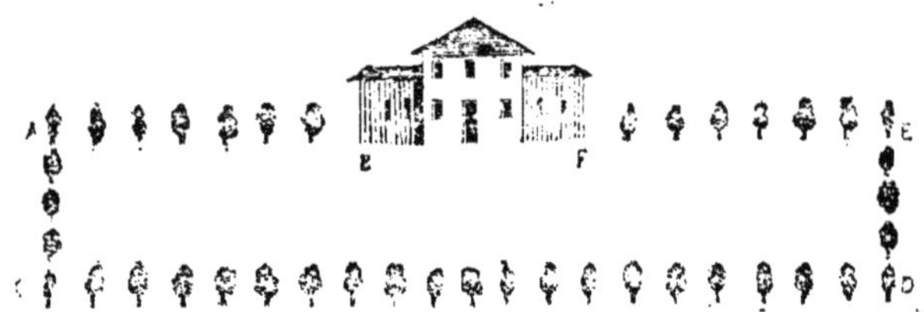

QUATRIÈME ENTRETIEN.

LE MAÎTRE. Après vous avoir entretenu des lignes droites, je me propose de vous donner quelques explications sur la ligne courbe qu'on appelle indifféremment *cercle* ou *circonférence*.

Ce qu'on appelle plus particulièrement *cercle* est l'étendue comprise dans la ligne courbe qu'on trace avec un compas.

La circonférence se divise toujours en 360 degrés ou en 400 grades ; cette division est la base du calcul géométrique. Ainsi cette division apprend à mesurer les angles et à déterminer leurs valeurs.

Les lignes considérées à l'égard du cercle sont, 1º le *diamètre* ; 2º le *rayon* ; 3º les *arcs* ; 4º les *cordes* ou *sous-tendantes* ; 5º la *flèche* ; 6º la *sécante* ; 7º la *tangente*.

Le diamètre est une ligne qui passe par le centre et aboutit de part et d'autre à la circonférence.

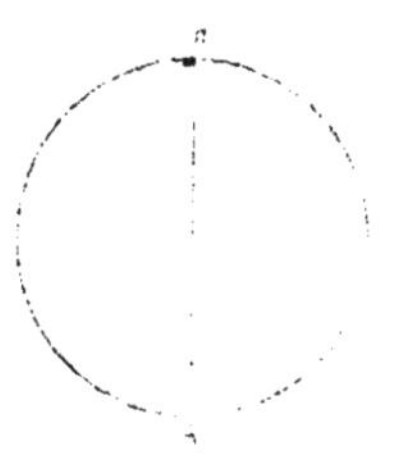

Le rayon est une ligne partant du centre et aboutissant à la circonférence.

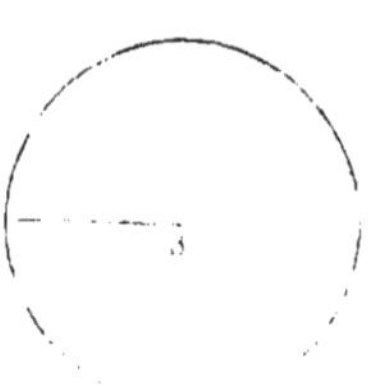

On appelle corde ou sous-tendante la ligne qui joint les deux extrémités d'un arc quelconque.

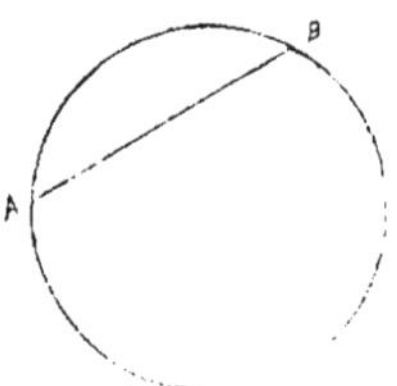

La flèche est une ligne élevée perpendiculairement sur une corde, et mesurant la plus grande distance de cette corde à l'arc qu'elle sous-tend.

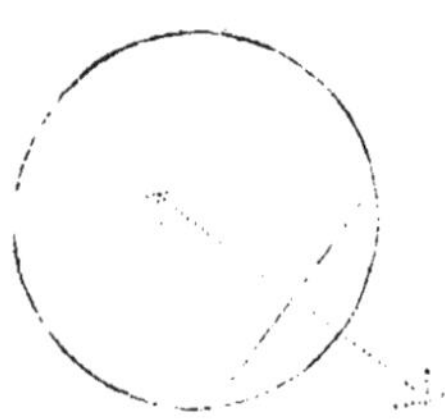

On appelle sécante la ligne qui rencontre la circonférence en deux endroits.

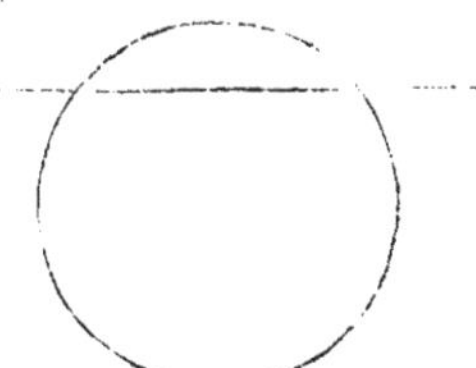

On nomme tangente celle qui ne rencontre la circonférence qu'en un seul endroit.

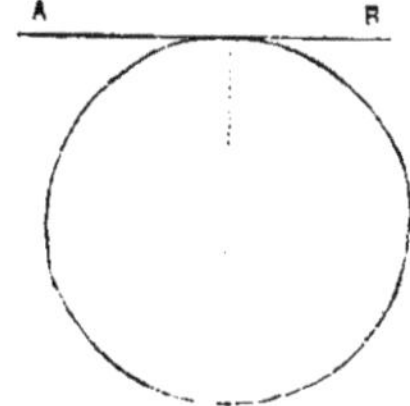

Je veux vous proposer, comme moyen de délassement, de tracer un *carré* dans un cercle; de convertir ce carré en *octogone*, etc.; à inscrire un *pentagone*, un *décagone*, etc.

Exécutez les tracés, je vais vous donner la marche: pour obtenir le carré, tracez deux diamètres perpendiculaires l'un à l'autre, dont vous joignez l'extrémité; élevez une flèche sur chaque côté du carré, vous obtiendrez l'octogone, etc.

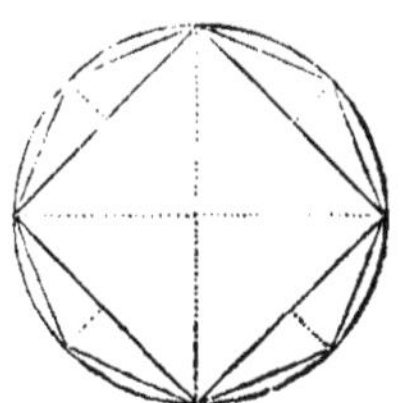

Pour trouver le pentagone, tracez les deux diamètres. Du milieu de la distance de O vers B, au point F, et avec la longueur de F D, tracez l'arc D G dont la corde est un côté du pentagone.

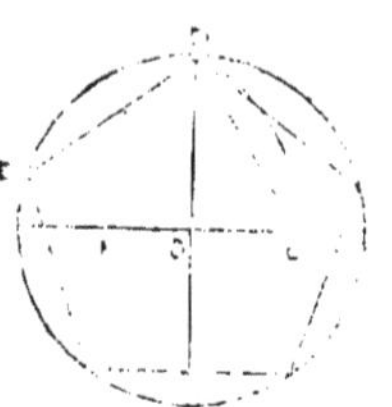

Elevez une flèche sur chaque côté, vous obtiendrez le décagone, etc.

Pour inscrire un *triangle équilatéral*, vous porterez trois fois le rayon sur la circonférence. Pour obtenir l'*hexagone*, vous élèverez une flèche sur chaque côté du triangle et vous continuerez comme dans les deux figures précédentes.

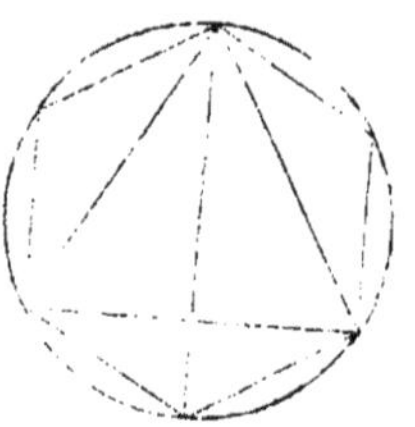

Maintenant que vous savez ce que c'est qu'un rayon, trouveriez-vous le rayon d'un cercle donné?

L'Elève. Je le trouverais si je connaissais le centre.

Le Maître. Pour trouver le centre d'un cercle, il faut mener deux cordes quelconques A B, B E, et sur le milieu de chacune d'elles élever une perpendiculaire. Le point O, où les perpendiculaires se rencontreront sera le centre.

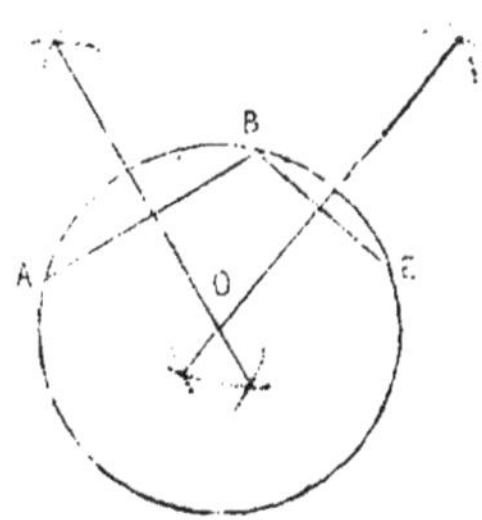

Mais je suppose que vous n'avez qu'une partie du cercle, pourriez-vous connaître quel doit être le rayon de la circonférence entière ?

L'Élève. L'exemple précédent m'apprend qu'en élevant des perpendiculaires sur les milieux de deux cordes quelconques, j'obtiendrai un point d'intersection qui sera le centre.

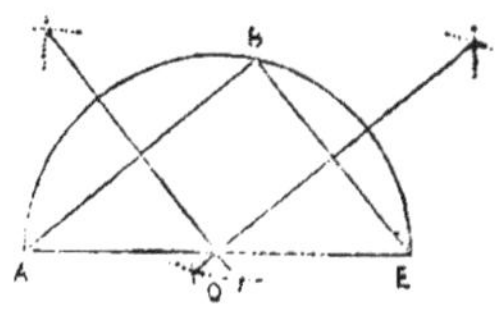

Ceci m'amène à vous dire que vous pouvez toujours faire passer une circonférence par trois points donnés non en ligne droite.

Il s'agit de joindre les points par deux droites ; élever sur

le milieu de chacune une perpendiculaire; le point d'intersection sera le centre.

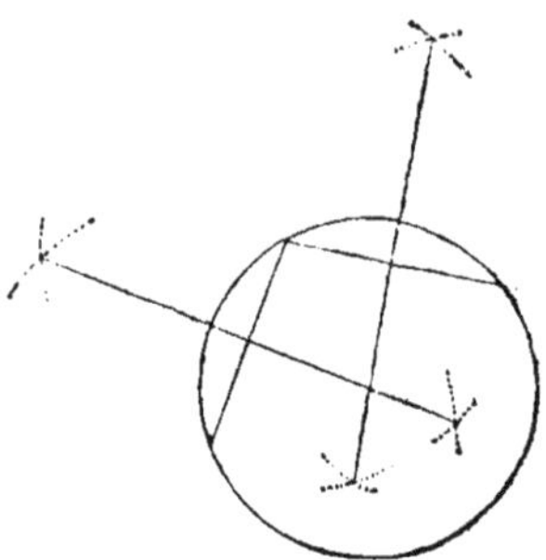

Je veux, avant de finir cet entretien, vous enseigner à
tracer un *ovale*.

Soit à tracer dans un jardin un bassin de forme ovale
dont on connaît le grand axe.

Il convient de diviser l'axe en trois parties égales; on
construit des triangles équilatéraux dont on prolonge les
côtés. Du point C, comme centre, avec un rayon égal à A C,
on décrit l'arc G A E; du point D, comme centre, on trace
avec la même ouverture de compas l'arc F B H. Des
points I K, comme centres, on trace les arcs G K H, E I F,
et l'ovale est formé.

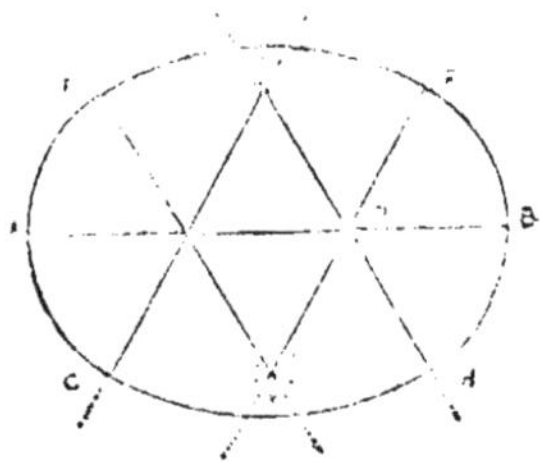

CINQUIÈME ENTRETIEN.

Le Maître. Après avoir appris à tracer les différentes espèces de lignes, vous devez être dans l'impatience de savoir les mesurer. En effet, combien de fois, mesurant de l'œil la largeur d'une rivière, la hauteur d'un arbre, d'une maison, n'avez-vous pas désiré en connaître la mesure réelle ?

Eh bien ! soient deux points A B, séparés par une rivière ; on me donne à en mesurer la distance.

On place une équerre au point B et on élève à la direction A B une perpendiculaire B C qu'on prend d'une longueur quelconque ; au point C, on élève une perpendiculaire C D dont on fait marquer la direction par des jalons ; on se transporte ensuite au point E, milieu de B C, et on y place une équerre de manière à voir le point A ; ensuite, sans déranger l'équerre, on regarde par la fente qui est du côté de l'objet A, et on fait planter un jalon sur la ligne C D, en un point F, qu'on puisse voir à travers la fente de l'équerre. Si on mesure alors la ligne C F = A B, on aura la distance cherchée.

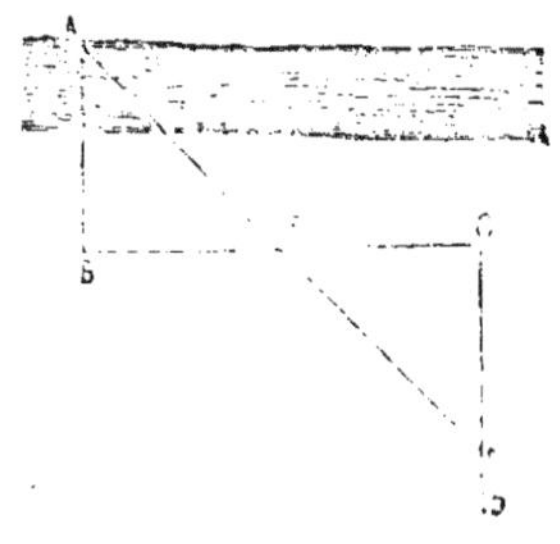

L'Elève. Si on voulait savoir la distance de deux objets inaccessibles, tels que A B séparés par une rivière?

Le Maitre. Soient A B les deux points séparés.

On mènera près du bord, et à peu près parallèlement à la rivière, une ligne C D, sur laquelle on prendra deux points C D, tels que les lignes A C, B D soient perpendiculaires à C D. Ces lignes A C, B D seront prolongées jusqu'en E et en F; ensuite du milieu G de C D, on mènera par la même méthode que précédemment les deux lignes A K et B H. Il est facile de voir que si on mesure la distance H K = A B, le problème sera résolu.

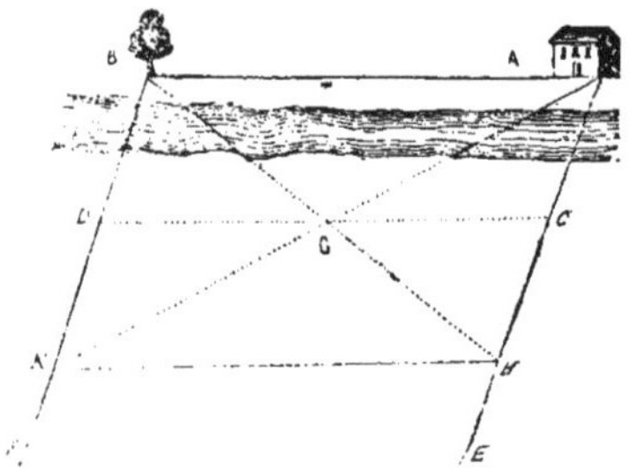

L'Elève. Je désirerais bien apprendre à mesurer la hauteur d'un clocher, car je crois que je saurais ensuite mesurer la hauteur d'un arbre, d'une montagne.

Le Maitre. J'allais vous en faire la proposition. Pour mesurer la hauteur d'un clocher, plantez verticalement deux jalons C D, E F, dans un terrain de niveau et sur un alignement C G dirigé vers l'axe A B de la tour; visez le sommet A par l'extrémité du plus petit; faites marquer le point H, où l'alignement D A coupe le grand jalon; mesurez les verticales C D, E H; les horizontales C E, E G et la distance G B, du point G à l'axe A B de la tour; cherchez l'excès de E H sur C D, et la somme de C E, E G, G B; puis divisez l'excès de E H par C E. Si vous avez mesuré au mètre, par exemple, le quotient sera l'excès sur C D d'un jalon qui serait planté à un seul mètre du point C. Ce quotient fera connaître ce qu'on appelle la pente de la droite D A; car il vous indiquera de combien la droite s'élève verticalement par mètre de distance horizontale. Par conséquent, pour savoir de combien la distance s'élève de D en I, ou pour déterminer la hauteur A I, vous n'aurez plus qu'à multiplier le quotient par la distance horizontale D I ou C B. Ajoutant enfin à I A la longueur du jalon C D, vous trouverez la hauteur A B; c'est-à-dire l'élévation du point à A au-dessus de l'horizontale C E.

Soit H la hauteur A B; G le grand jalon E H; p le petit jalon C D; d la distance C E; D la grande distance C B; on a pour formule $H = \frac{G-p}{d} \times D + p$.

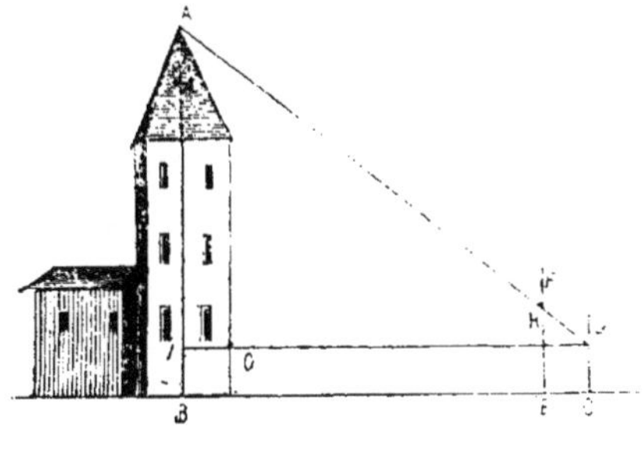

SIXIEME ENTRETIEN.

Nous allons nous occuper du mesurage des combles, après que je vous aurai appris qu'il n'est pas nécessaire de mesurer

le contour des cercles pour les comparer ; car les circonfé-
rences se contiennent comme leurs rayons ou comme leurs
diamètres. Ainsi, si je vous demandais combien un cercle
dont le diamètre est de 0,85 c. contient de fois un cercle
dont le diamètre est de 0,25 c., que me répondriez-vous ?

L'Élève. Qu'il faut diviser 0,85 par 0,25 c.

Le Maitre. Je veux vous proposer maintenant de mesurer la circonférence d'une citerne.

L'Élève. J'entourerai la circonférence d'une ficelle peu
susceptible de s'étendre, et puis je mesurerai la ficelle.

Le Maitre. Sans doute ; mais je suppose que vous n'en
puissiez faire le tour ?

L'Élève. Je ne saurais m'y prendre.

Le Maitre. Voici ce que vous devriez faire : vous vous
procureriez deux règles, dont un côté de chacune serait
terminé en biseau. Vous les feriez glisser l'une sur l'autre ;
vous les feriez pivoter jusqu'à ce que, les ayant fait arriver
au point le plus large de la citerne, elles ne pourraient plus
glisser ni à droite ni à gauche, sans que le point de jonction
n'eût à souffrir. Alors elles exprimeraient le diamètre de
cette circonférence. Vous n'auriez plus qu'à multiplier cette
longueur par 3,1416 pour avoir la longueur de la
circonférence.

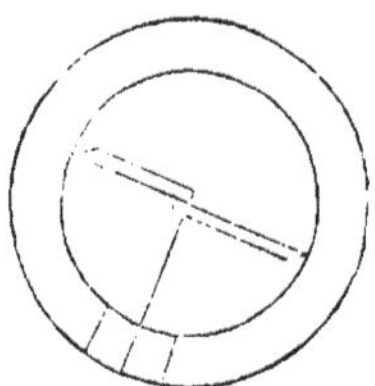

L'Élève. Mais je suppose qu'on ne puisse prendre le
diamètre intérieur de la circonférence ?

Le Maitre. Le cas est encore le même. On prend le diamètre extérieur dont on retranche deux fois l'épaisseur du mur prise dans la direction d'un rayon.

Je veux même supposer qu'on ne puisse opérer ni intérieurement, ni extérieurement à l'ouverture de la citerne. Si on peut, touchant le mur, placer des règles qui soient d'équerre, la distance de l'une à l'autre donnera aussi le diamètre extérieur.

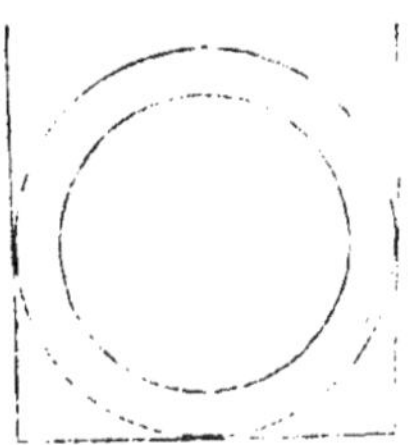

SEPTIEME ENTRETIEN.

Le Maitre. Mon ami, avant de vous donner une idée de l'arpentage, j'ai besoin d'avoir avec vous un petit entretien sur les angles, les triangles, etc.

L'angle est l'espace compris entre deux lignes qui se rencontrent.

Il y a trois sortes d'angles : l'angle droit, l'angle aigu et l'angle obtus,

1° Un angle droit égale le quart de la circonférence ;

2º l'angle aigu vaut moins du quart de la circonférence ;
3º l'angle obtus vaut plus du quart de la circonférence.

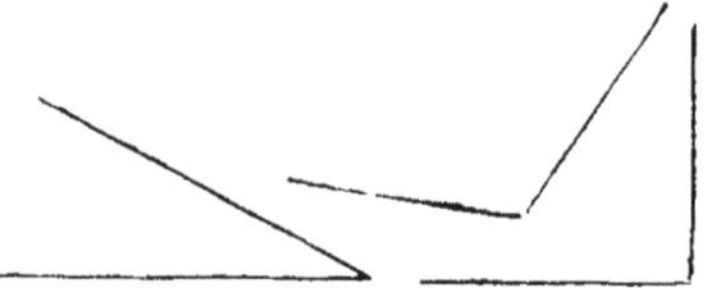

Le tracé d'un angle offrant peu de difficulté, je ne vous occuperai pas à cela ; je me contenterai de vous proposer une simple application.

Je suppose que vous ayez au point A les fondations d'une maison semblables à celles d'une maison bâtie au point B ; comment vous y prendriez-vous pour tailler la pierre qui doit égaler l'angle de la maison B ?

L'Elève. J'ai vu quelquefois, entre les mains des tailleurs de pierre, un instrument composé de deux branches réunies par une charnière qui leur sert de compas. J'appliquerais cet instrument contre l'angle du mur, et puis, sans le déranger, je l'appliquerais sur la surface de la pierre de taille ; avec un crayon j'en suivrais les arêtes intérieures ; c'est ce qui me guiderait pour la taille de la pierre.

Le Maitre. C'est ce qu'on appelle relever un angle.

L'Elève. Vous m'avez appris qu'il y a trois espèces d'angles ; mais je désirerais bien savoir à quel signe je pourrai les connaître ?

Le Maitre. Vous pourrez les connaître par le moyen d'un instrument qu'on appelle rapporteur, que vous n'aurez qu'à superposer à l'angle.

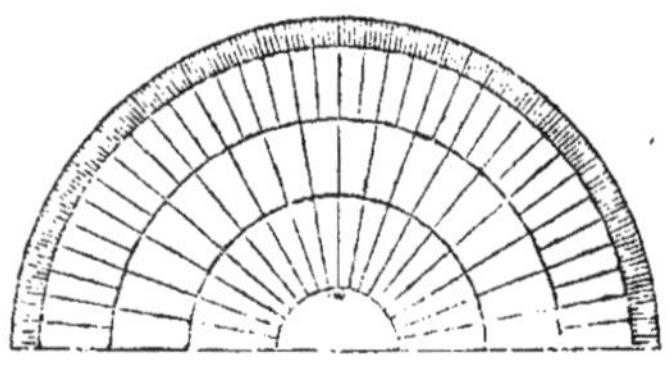

J'ai à vous dire quelques mots du *triangle* le plus simple des polygones.

1° On appelle triangle *équilatéral* celui qui a ses trois côtés égaux ; 2° *isoscèle* celui dont deux côtés sont seulement égaux ; 3° *scalène* celui dont les trois côtés sont inégaux.

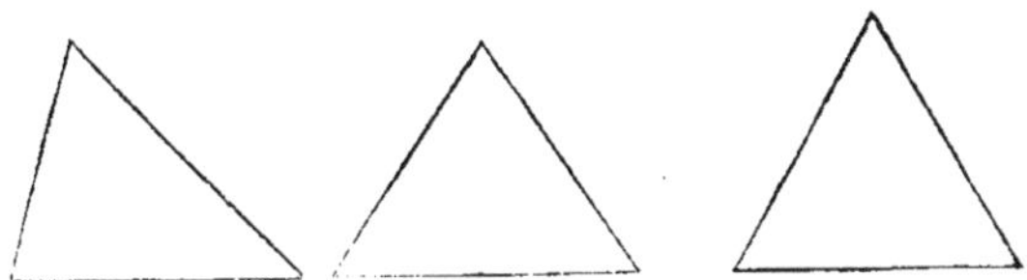

Le Maitre. Voulez-vous me donner les trois côtés d'un triangle pour que je vous enseigne à le former.

L'Elève. Soient les trois côtés X Y Z.

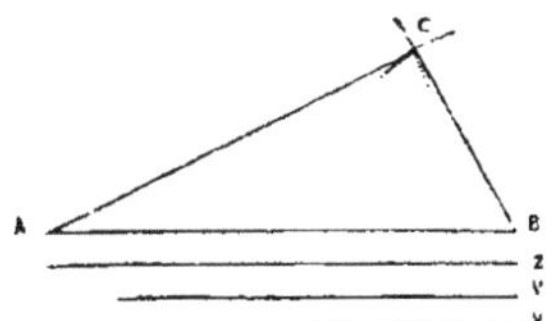

Le Maitre. J'ai pris, comme vous l'avez vu, d'abord le plus long côté Z ; avec un rayon égal à Y, j'ai tracé un arc au-dessus de la ligne Z ; j'en ai tracé un second en partant de l'autre extrémité de la première ligne, avec un rayon égal à la ligne X ; le sommet de l'angle s'est trouvé à l'intersection.

Le Maitre. Ne seriez-vous pas embarrassé, si vous ne

connaissiez que deux côtés et l'angle compris entre eux ?
Par exemple, les côtés X Y, et l'angle Z ?

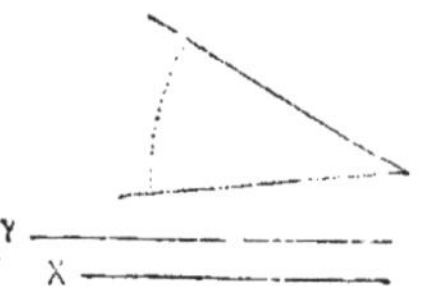

Comme dans le cas précédent, je prends pour base une des lignes données ; je construis un angle égal à l'angle Z donné ; je fais passer le second côté par le point d'intersection ; je n'ai, en définitive, qu'à joindre le point C au point B.

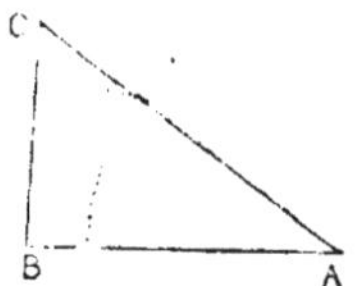

A la vue du tracé suivant, vous comprendrez très-bien comment il faudrait construire un triangle dont on connaît un côté et les deux angles adjacents.

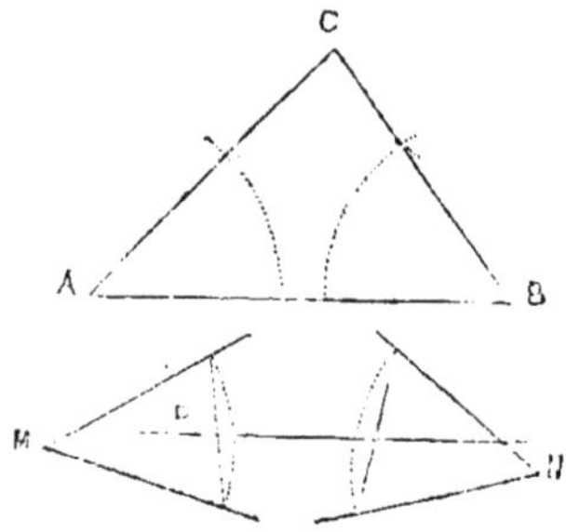

Toute ferme limitée par des lignes droites est nommée *quadrilatère*.

Le quadrilatère qui a deux côtés parallèles est appelé *trapèze*. Si les côtés concourants sont égaux, le trapèze est appelé *symétrique*. Les toits appelés mansardes ont ordinairement la forme du trapèze symétrique

Lorsque le quadrilatère a ses côtés opposés parallèles et de même longueur, il est appelé *parallélogramme*.

Le parallélogramme prend, selon sa forme, le nom de *rectangle*, de *carré* ou de *losange*.

Avant de terminer cet entretien et de passer au mesurage du triangle et du quadrilatère, je veux vous proposer un tracé qui convient aux habitants de la campagne.

Je suppose que vous eussiez à planter des arbres *en quinconce*, comment vous y prendriez-vous?

L'Élève. J'ignore ce que l'on entend par *quinconce*.

Le Maître. Des arbres sont plantés en quinconce, lorsque, dans quelque sens qu'aille le promeneur, il a toujours une allée ouverte devant lui, dans laquelle un arbre ne fait jamais obstacle à sa marche, s'il va en ligne droite.

Vous tracerez deux droites parallèles A B, C D; vous laisserez sur les deux droites autant de fois l'intervalle de deux arbres que vous voudrez d'allées dans les deux directions perpendiculaires. Vous terminerez le carré A, B, C, D; vous laisserez la même distance sur les côtés A C, B D, autant de fois que les autres côtés la contiennent; ensuite vous n'aurez qu'à joindre les points de division opposés; les parallèles se couperont perpendiculairement et fermeront des carrés; vous planterez les arbres aux intersections de toutes les droites, sommets des carrés.

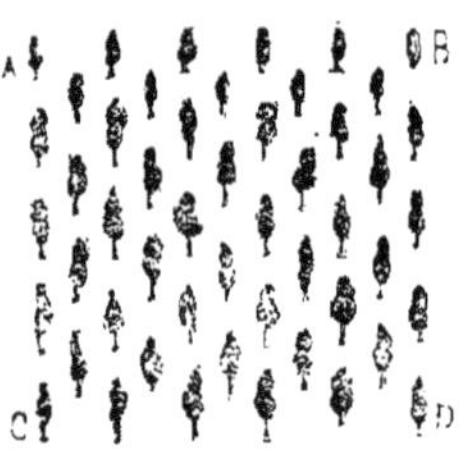

L'Elève. Votre entretien m'intéresse beaucoup, et je désirerais bien le voir prolongé.

Le Maitre. C'est avec plaisir que je le prolongerai et que je vous entretiendrai du mesurage des polygones que je viens de nommer.

L'aire d'un triangle est égale au produit de sa base par la moitié de sa hauteur, qui est exprimée par une perpendiculaire abaissée du sommet de l'angle sur le milieu du côté opposé pris pour base.

C'est au moyen du mesurage des triangles que s'exécute le mesurage d'un quadrilatère quelconque qui n'est ni carré, ni rectangle, ni parallélogramme, ou dont la forme est inconnue.

Pour mesurer ce quadrilatère, il faut, au moyen d'une

diagonale qui le partage, former deux triangles qu'on mesure séparément, et dont les sommes donnent la superficie du quadrilatère.

Le trapèze égale le produit de la demi-somme de ses bases multipliée par la hauteur. La formule est : $T = \frac{B + b}{2} \times H$.

La superficie d'un rectangle, d'un carré, d'un parallélogramme, égale le produit de la base par la hauteur.

La formule est $R = B \times H$.

HUITIEME ENTRETIEN.

Mon ami, vous savez maintenant mesurer les droites, les courbes, les surfaces ; il vous reste à savoir mesurer le *volume*.

L'unité de mesure pour les volumes est ordinairement le volume d'un cube, qui a pour arête l'unité de mesure des longueurs. C'est pourquoi l'on dit cuber au lieu de mesurer un volume. Si l'arête est d'un décimètre, elle donne le décimètre cube, etc. etc.

Si vous aviez à mesurer le volume d'une pierre de forme rectangulaire, vous prendriez le produit de sa longueur, de sa largeur, de son épaisseur.

Le mesurage en stères se fait absolument comme le mesurage en mètres cubes, puisque ces deux unités sont égales.

L'Elève. Je crois qu'il est essentiel que vous me donniez quelques exemples.

Le Maitre. Je vous donne à mesurer une pierre de forme rectangulaire en mètres cubes et parties décimales. Je suppose que la longueur soit 4,3a8 ; la largeur 7,15 et l'épaisseur a5,35.

L'Elève. Je forme ainsi la formule $7,15 \times 4,3a8 = 3o,945aox$ $a5,35 = 784,46o8aoo$ m. c.

L'Elève. Je ne comprends pas pourquoi vous avez dit dans votre problême : mesurez en mètres cubes et *en parties décimales ?*

Le Maître. Si j'avais dit en mètres cubes et en parties cubiques, il aurait fallu partager les décimales du dernier produit en groupes de trois chiffres chacun, à partir de la virgule, vers la droite, et compléter par des zéros le dernier groupe.

On dit jauger quand on mesure une *capacité*.

Comment vous y prendriez-vous pour jauger un bassin de forme rectangle en litres ?

L'Elève. Je mesurerais comme si je voulais mesurer en mètres cubes, et sachant que le décimètre cube, qui égale le litre, est mille fois plus petit que le mètre cube, en reculant la virgule de trois rangs vers la droite, j'aurais des litres pour unités principales.

Le Maître. Si vous jaugiez en hectolitres, vous agiriez comme précédemment. Seulement, considérant que l'hectolitre est cent fois plus grand que le litre, mesurant avec le mètre cube, vous n'auriez qu'à pousser la virgule d'un rang vers la droite.

Si vous vouliez mesurer une pièce de bois en décistères, vous agiriez comme si vous vouliez obtenir des mètres cubes, mais il ne faudrait reculer la virgule que d'un rang à droite ; car vous savez que le décistère n'est que le dixième du stère, et le centistère le dixième du décistère.

Je désire maintenant vous enseigner à jauger un tonneau.

Vous plongerez par la bonde un mètre avec ses divisions pour prendre le plus grand diamètre intérieur. Vous doublerez la longueur trouvée ; vous ajouterez ce produit au diamètre d'un des fonds de la barrique ; vous prendrez le tiers de la somme ; vous ferez le quarré numérique de ce tiers ; vous multiplierez ce quarré par 3,1416 et le produit par la longueur de la capacité du tonneau. Le quart du résultat vous donnera la capacité en mètres cubes que vous saurez facilement convertir en litres ou en hectolitres.

Pour avoir la longueur de la capacité on prend une perpendiculaire comprise entre les faces externes des fonds, et l'on en retranche le double de l'épaisseur d'une douelle. Cette épaisseur varie de 18 à 24 millimètres.

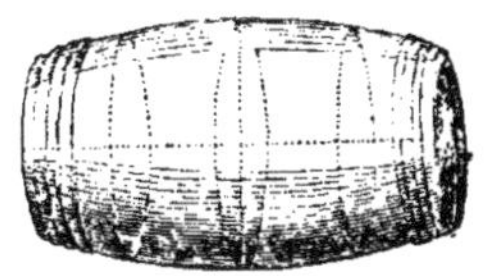

NEUVIEME ENTRETIEN.

Maintenant, mon enfant, je vais vous dire quelques mots de l'arpentage.

Si vous vouliez arpenter un terrain incliné, vous ne pourriez mesurer la distance avec la chaîne de l'arpenteur, en l'appuyant contre terre, comme on agit lorsqu'on mesure une surface qui n'est pas inclinée. Il faut avoir soin de tenir la chaîne horizontalement ; ainsi, soit à mesurer la longueur horizontale de la pente d'un petit coteau ; il faudra, pour cela, vous servir de jalons. Sur l'un, vous reposerez un bout de la chaîne ; sur l'autre, l'autre partie ; vous vous assurez, avec le niveau de maçon, que la chaîne est horizontalement placée, et vous continuerez ainsi cette opération qui est d'autant plus minutieuse que la pente est plus rapide. En appuyant la chaîne sur la surface inclinée du terrain on aurait la *surface vraie* du champ ; mais il est reconnu, par tous les agriculteurs, que la surface inclinée d'une pièce de terre ne produit pas plus de plantes que ne le ferait la base de ce plan, puisque les plantes poussent verticalement et non perpendiculairement à la surface.

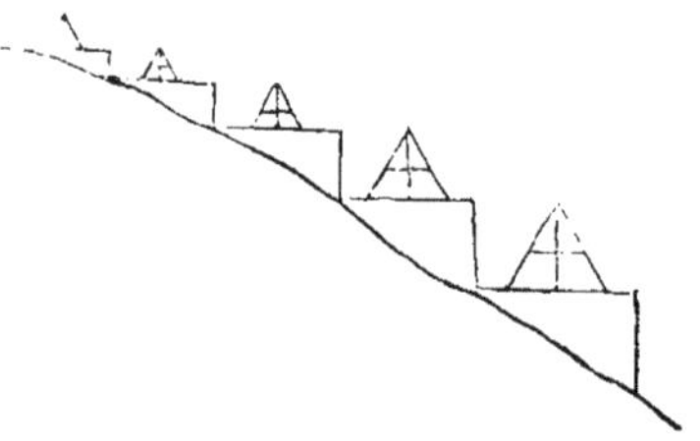

Si je voulais arpenter une pièce de terre terminée par des lignes courbes, je mènerais des droites aussi près que possible des courbes qui terminent le champ ; après l'avoir divisé en triangles que je mesurerais, il ne me resterait, pour connaître la surface entière du champ, qu'à abaisser du point le plus élevé des contours que j'avais négligés, une perpendiculaire sur le milieu de la base, et mesurer ces petites parcelles comme des triangles. Pour diminuer l'erreur autant que possible, il convient de rapprocher, le plus qu'on peut, les points d'intersections.

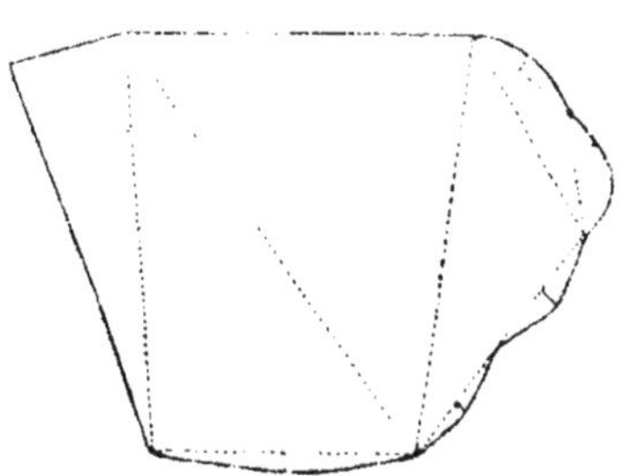

Je suppose qu'on ait à arpenter un espace qu'on ne peut parcourir ; soit une pièce d'eau ; soient des marais, etc. Il convient alors de tracer autour une figure rectangulaire qui touche les points les plus extrêmes de l'espace qu'on a à arpenter. On n'a ensuite qu'à multiplier la longueur de la ligne A B, par exemple, qui est un côté d'un angle, par C B, je suppose, qui est l'autre côté du même angle. Ainsi, on a la surface du parallélogramme. On n'a plus ensuite qu'à diviser et à mesurer les espaces compris entre les lignes du parallélogramme et les bords de l'eau ; on retranche ces sommes partielles de la somme totale donnée par le mesurage du parallélogramme, et on a résolu la difficulté.

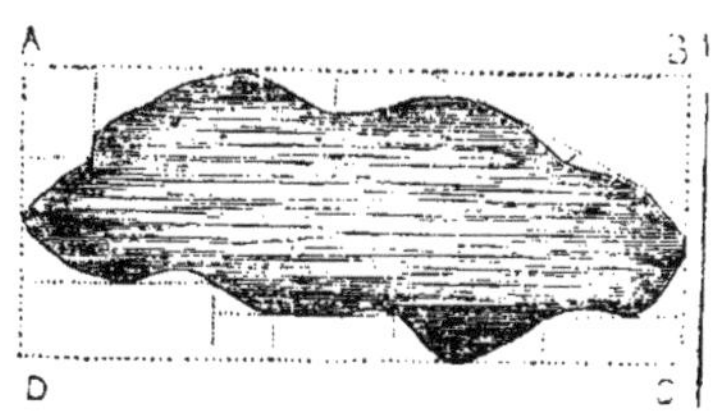

3

Puisque nous avons à mesurer la superficie d'un champ, nous pourrions avoir à le diviser en plusieurs parties. Soit un champ de forme triangulaire que je voudrais partager en quatre parties. Il n'y aurait qu'à diviser la base en quatre portions, et mener des lignes de la base au sommet.

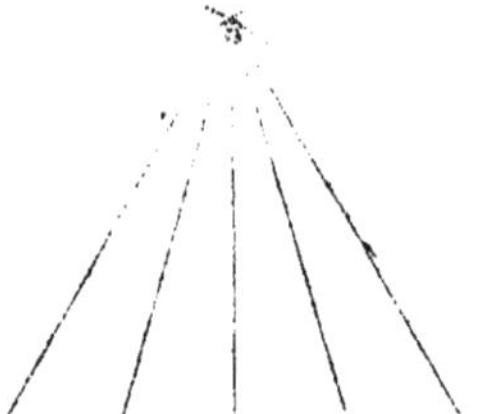

Il ne serait pas plus difficile de mesurer un champ de forme rectangulaire. On prendrait sur une ligne quatre points équidistants, et on élèverait par ces points des perpendiculaires.

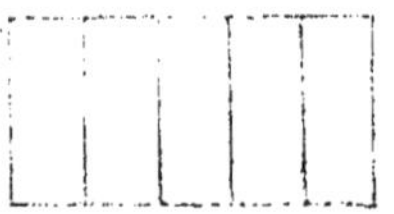

Il peut arriver que le champ qui est à partager n'appartienne à aucun des cas ci-dessus prévus. Après voir cherché l'étendue générale d'un champ, il faudra quelque temps tâtonner pour en faire un certain nombre de parties égales. Je ne vous dissimule pas que votre patience sera bien souvent mise à l'épreuve dans ce dernier cas; aussi je veux vous proposer un moyen mécanique qui vous conviendra, j'en suis sûr, pour sa simplicité.

Je dois, avant de vous le faire connaître, vous apprendre à lever le plan d'une pièce de terre.

On se sert pour lever un plan d'une *planchette* portée sur trois pieds, au sommet desquels on ménage un mouvement pour donner à la planchette l'inclinaison qui lui est nécessaire selon les lieux.

Sur cette planchette est portée une *alidade* (c'est une règle) chaque extrémité est surmontée d'une règle verticale ou *pinnule*; à chaque pinnule est une fente et une fenêtre. La fente d'un côté correspond à la fenêtre de l'autre qui se trouve partagée par un fil, qui correspond à l'objet visé. On place la planchette, sur laquelle on a eu soin de coller une feuille de papier, autant que possible, au milieu du champ. Après avoir fait planter des jalons aux points extrêmes les plus saillants A B C D E F, on les regarde séparément à travers les pinnules; on trace des lignes correspondantes sur le papier du point O en A B C D E F, on mesure le terrain, du pied de la planchette à l'extrémité du terrain visé ; au moyen d'une échelle de proportion on rapporte ces distances sur le papier en O A, O B, O C, O D, O E, O F; on n'a plus qu'à joindre ensuite les extrémités entr'elles et la figure A B C D E F est le plan du champ.

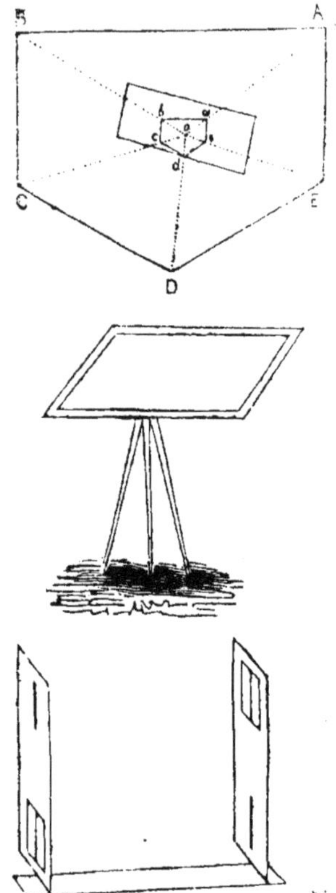

L'Élève Qu'est-ce qu'on appelle échelle de proportion?

Le Maître. C'est une ligne divisée en parties égales dont chacune représente telle longueur qu'on veut lui donner; de manière que la figure qui représente l'objet est en même proportion, avec cette échelle, que l'objet lui-même l'est avec sa mesure réelle.

Je reviens à l'arpentage; et, sans calcul, je veux vous apprendre à mesurer le terrain et à le partager.

Il s'agit d'avoir une balance bien sensible, une de celles, par exemple, dont on se sert pour peser l'or. Vous aurez alors à peser un terrain comme on pèse un objet quelconque.

L'Elève. Votre proposition me surprend beaucoup; je comprends bien que pour savoir combien un morceau d'or pèse de grammes, on mette d'un côté de la balance l'or, et de l'autre un poids égalant un gramme, ou des multiples ou des sous-multiples de ce poids; mais je ne puis comprendre comment nous pourrons établir un rapport entre la superficie d'un terrain et le poids qui lui sera opposé?

Le Maitre. Nous allons faire des poids avec des cartes de jeu, si vous le voulez; nous ferons des carrés comme A B C D, ayant 40 millimètres de côté Chaque carré représentera un hectare.

Je diviserai ce même carré en dix plus petits poids égalant chacun un décare, etc.

1	2
3	4
5	6
7	8
9	10

Je diviserai encore le poids d'un décare en dix plus petits morceaux, dont chacun égalera un are.

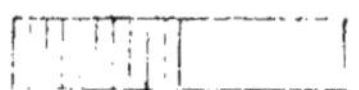

Vous avez dessiné votre plan sur des cartes et l'avez découpé ; vous l'avez réduit vous servant de l'échelle de proportion qui vous a servi à réduire les poids ; la division et le mesurage du terrain ne peuvent plus vous présenter de difficulté.

Je pense que vous aurez besoin dans beaucoup de cas, vous surtout qui habitez la campagne, de tracer un chemin sur un coteau ou le cours d'un ruisseau qui devra arroser vos prairies. Alors vous aurez à prendre les hauteurs relatives de différents points d'un terrain. C'est ce qu'on appelle prendre un *nivellement*.

L'Elève. Cette opération me paraît être d'une grande utilité.

Le Maitre. Eh bien ! voici comment vous devrez vous y prendre pour prendre un nivellement : soit le point A dont vous voulez savoir l'élévation au-dessus du point B. Vous aurez un niveau de maçon comme étant celui que vous pourrez vous procurer le plus facilement, autrement vous vous serviriez mieux d'un *niveau d'eau*. Sur un jalon rendu vertical, vous poserez une bonne règle ; sur la règle, le niveau de maçon, qui vous sert à tenir la règle dans la vraie direction. Vous vous placerez en un lieu d'où vous puissiez voir A B ; vous planterez un jalon vertical en B et mesurerez la distance de A au point A A, où le jalon est rencontré par l'horizontale du niveau ; ainsi vous obtiendrez l'élévation de A A' de l'horizontale au-dessus de A. Vous ferez la même opération pour le point B ; vous aurez l'élévation B B' de la même horizontale au-dessus de ce point. Retranchant la petite hauteur de la grande, vous saurez de combien un point est plus élevé que l'autre.

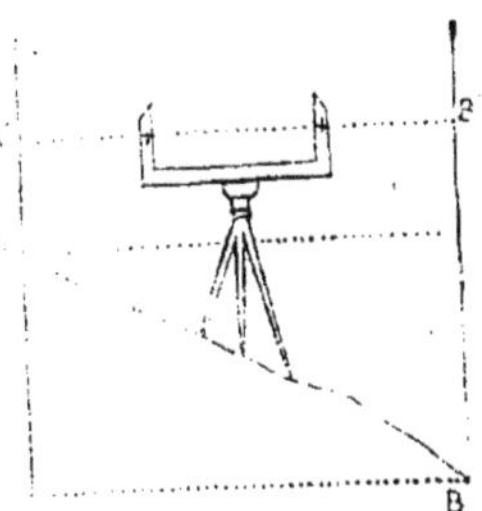

L'Elève. Je comprends très-bien comment je pourrai prendre les hauteurs relatives de différents points d'un terrain, et je suis pleinement convaincu de l'importance de l'étude du dessin linéaire dans les plus petites écoles de campagne.

RÉSUMÉ DES MATIÈRES.

PREMIER ENTRETIEN.

Ligne droite.
Ligne courbe.
Différentes manières de tracer les lignes.

DEUXIÈME ENTRETIEN.

Les perpendiculaires.
Les verticales.
Les horizontales.
Elever une perpendiculaire sur le milieu d'une ligne.
Elever une perpendiculaire aux extrémités d'une ligne.
Elever une perpendiculaire en un point quelconque d'une ligne.
Elever une perpendiculaire hors d'une ligne.
Tracer la direction d'un mur qui doit être d'équerre sur un centre A B, et le rencontrer en C.
Tracer la direction d'un fossé qui doit aboutir à l'extrémité A d'un autre fossé dont A B est une arête, et le rencontrer d'équerre.
Tailler carrément le bout A d'une pierre.
Tracer la direction d'une allée de buissons qui, partant d'un point A, aille couper d'équerre une autre allée dont B C est un des côtés.

TROISIÈME ENTRETIEN.

QUATRIÈME ENTRETIEN.

CINQUIÈME ENTRETIEN.

Mesurer la distance de deux points inaccessibles.
Mesurer la hauteur d'un clocher, d'un arbre, etc.

SIXIÈME ENTRETIEN.

Mesurer une ligne courbe formée par une citerne.
Mesurer une circonférence dont on ne peut faire le tour.
Rapport de l'arc au diamètre.
Prendre le diamètre intérieur et trouver la circonférence, etc. etc.

SEPTIÈME ENTRETIEN.

L'angle droit.
L'angle aigu.
L'angle obtus.
Le rapporteur.
Le triangle équilatéral.
Le triangle isoscèle.
Le triangle scalène.
Le trapèze.
Le rectangle.
Le parallélogramme.
Le carré.
Le losange.
Planter des arbres en quinconce.
Mesurage du triangle.
Mesurage du quadilatère.

HUITIÈME ENTRETIEN.

Cubage.
Cuber une pierre de forme rectangulaire.

NEUVIÈME ENTRETIEN.

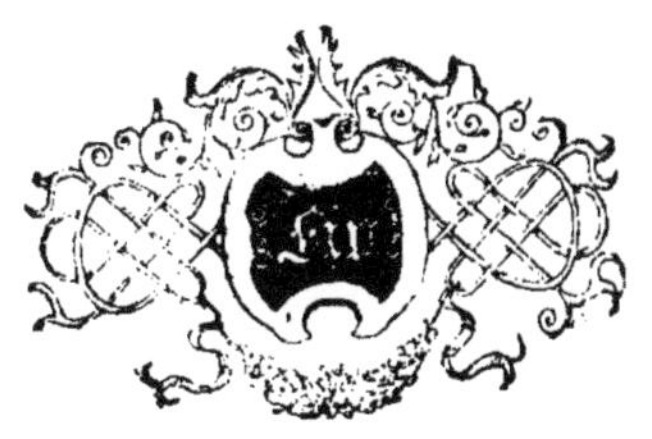